Kassenbuch DIN A4

- einfach und übersichtlich - ohne MwSt.

Kassenbuch DIN A4

- einfach und übersichtlich - ohne MwSt.

Kassenbuch DIN A4

- einfach und übersichtlich - ohne MwSt.

Thomas Eschenbach

Impressum

Bibliografische Information der Deutschen Nationalbibliothek:
Die Deutsche Nationalbibliothek verzeichnet diese Publikation in der Deutschen Nationalbibliografie; detaillierte bibliografische Daten sind im Internet über http://dnb.dnb.de abrufbar.

© 2022 Thomas Eschenbach

Herstellung und Verlag: BoD – Books on Demand, Norderstedt

ISBN: 978-3-7347-2849-5

Name: _____

Telefon: _____

E-Mail: _____

Nr.	Datum	Zweck	+	-	Saldo
		genug Platz zum Schreiben			

Nr.	Datum	Zweck	+	-	Saldo

Nr.	Datum	Zweck	+	-	Saldo
					9

Nr.	Datum	Zweck	+	-	Saldo

Nr.	Datum	Zweck	+	-	Saldo
					11

Nr.	Datum	Zweck	+	-	Saldo
	12				

Nr.	Datum	Zweck	+	-	Saldo

Nr.	Datum	Zweck	+	-	Saldo

Nr.	Datum	Zweck	+	-	Saldo
					15

Nr.	Datum	Zweck	+	-	Saldo

Nr.	Datum	Zweck	+	-	Saldo
					17

Nr.	Datum	Zweck	+	-	Saldo

Nr.	Datum	Zweck	+	-	Saldo
					19

Nr.	Datum	Zweck	+	-	Saldo
	20				

Nr.	Datum	Zweck	+	-	Saldo

Nr.	Datum	Zweck	+	-	Saldo

Nr.	Datum	Zweck	+	-	Saldo

Nr.	Datum	Zweck	+	-	Saldo
	24				

Nr.	Datum	Zweck	+	-	Saldo
					25

Nr.	Datum	Zweck	+	-	Saldo

Nr.	Datum	Zweck	+	-	Saldo
					27

Nr.	Datum	Zweck	+	-	Saldo

Nr.	Datum	Zweck	+	-	Saldo
					29

Nr.	Datum	Zweck	+	-	Saldo

Nr.	Datum	Zweck	+	-	Saldo
					31

Nr.	Datum	Zweck	+	-	Saldo

Nr.	Datum	Zweck	+	-	Saldo

Nr.	Datum	Zweck	+	-	Saldo

Nr.	Datum	Zweck	+	-	Saldo
					35

Nr.	Datum	Zweck	+	-	Saldo

Nr.	Datum	Zweck	+	-	Saldo
					37

Nr.	Datum	Zweck	+	-	Saldo

Nr.	Datum	Zweck	+	-	Saldo

Nr.	Datum	Zweck	+	-	Saldo

Nr.	Datum	Zweck	+	-	Saldo
					41

Nr.	Datum	Zweck	+	-	Saldo
	42				

Nr.	Datum	Zweck	+	-	Saldo
					43

Nr.	Datum	Zweck	+	-	Saldo

Nr.	Datum	Zweck	+	-	Saldo
					45

Nr.	Datum	Zweck	+	-	Saldo

Nr.	Datum	Zweck	+	-	Saldo
					47

Nr.	Datum	Zweck	+	-	Saldo

Nr.	Datum	Zweck	+	-	Saldo
					49

Nr.	Datum	Zweck	+	-	Saldo

Nr.	Datum	Zweck	+	-	Saldo
					51

Nr.	Datum	Zweck	+	-	Saldo
	52				